AF314131

CATALOGUE SOMMAIRE

DES

TABLEAUX

DESSINS ET AQUARELLES

Œuvres de

BERTRAND, BIGAND, BODMER, DAUBIGNY, DELACROIX, DETAILLE,
DORÉ, FRANÇAIS, GIACOMELLI, JACQUE,
LACOMBE, MEISSONIER, MONNIER, MORIN, RAFFET, ETC., ETC.

Portrait par Mme VIGÉE LE BRUN

BRONZES DE BARYE, MÊNE & CAIN

Faïences, Marbres, Cire

MEUBLES ET OBJETS DIVERS

Le tout composant la Collection

de feu H. GIACOMELLI, Artiste-Peintre

dont la vente aux enchères publiques aura lieu

HOTEL DES COMMISSAIRES-PRISEURS, RUE DROUOT, N° 9

Salle n° 6

Du Jeudi 13 au Samedi 15 Avril 1905

à deux heures

COMMISSAIRE-PRISEUR	EXPERT
Me Maurice **DELESTRE**	Mr Paul **ROBLIN**
5, Rue Saint-Georges, 5	65, Rue Saint-Lazare, 65

EXPOSITIONS

Particulière : *Le Mardi 11 Avril, de 2 heures à 6 heures*
Publique : *Le Mercredi 12 Avril, de 1 h. 1/2 à 5 h. 1/2*
Salles 5 et 6 réunies.

CONDITIONS DE LA VENTE

Elle sera faite au comptant.

Les Acquéreurs paieront *dix pour cent* en sus des prix d'adjudication.

L'Exposition mettant le public à même de se rendre compte de la qualité des objets, aucune réclamation ne sera admise une fois l'adjudication prononcée.

ORDRE DES VACATIONS

Le Jeudi 13 Avril 1905.

	Numéros
Bronzes, Faïences, Meubles et Objets divers.	318 à 392
TABLEAUX	1 à 39

Le Vendredi 14 Avril 1905.

DESSINS & AQUARELLES :

Abbema — Delacroix	40 à 78
H. Giacomelli.	105 à 130
Girodet — Ch. Jacque	163 à 195
H. Monnier — Raffet	221 à 262

Le Samedi 15 Avril 1905.

DESSINS & AQUARELLES :

Detaille — Garan.	79 à 104
H. Giacomelli.	131 à 162
Johannot — H. Monnier	196 à 220
Raffet — Vollon	263 à 317

— *Giacomelli est mort...*

— *Invraisemblable. Le plus vivant des hommes, toujours actif, toujours au travail : hier encore, en plein talent, illustrant pour Carteret le Merle blanc...*

— *Mais il avait quatre-vingts ans passés...*

— *Invraisemblable. Il était de ceux qui n'en paraissent jamais plus de cinquante, — et même, avec la vivacité et les enthousiasmes de la jeunesse...*

— *Il était de 1822 sans qu'il y parût : mais il était de 1822, hélas ! et quand vient 1904, c'est bien grave...*

L'homme si aimable et si bon, l'artiste si particulier et charmant, le critique d'art si perspicace et si efficace, qui vient de disparaître, Hector Giacomelli, était parisien, avec une lointaine origine italienne. Sous le premier Empire son père eut une notoriété de compositeur et de professeur de musique : la révolution de 1830 lui fut fatale et le ruina : il mourut en 1835 laissant une nombreuse famille sans ressources, qui dut se débrouiller.

Le troisième fils, Hector, fut placé comme apprenti dessinateur chez un orfèvre, Marrel : sa première éducation fut donc celle d'un ornemaniste (ceci est à noter et nous fait saisir la genèse d'une partie de l'œuvre de l'artiste). Nouvelle révolution, nouveaux temps difficiles ; le jeune Giacomelli sert dans la garde mobile (?). Autre première éducation, de soldat et de patriote, de chauvin même et de cocardier, qui adorera toujours l'armée, et Napoléon (quel artiste ! *disait-il*) et les beaux soldats professionnels de son temps.

Viennent des jours meilleurs. Immédiatement Giacomelli est collectionneur : d'estampes et de dessins. Et non point col-

*lectionneur passif et à la remorque, mais collectionneur spon-
tané et original, car, au milieu de ce XIXe siècle essentiel-
lement occupé du rétrospectif et de la curiosité, ce fut le
XIXe siècle même qu'il se mit à aimer, à deviner, à exalter.*

*Son début, un chef-d'œuvre ! Le premier peut-être, Giaco-
melli, qui collectionnait des lithographies de Raffet, pres-
sentit quel immense artiste était Raffet. Et un jour de 1853,
Giacomelli et Raffet furent présentés l'un à l'autre par Mme
O'Connell : Giacomelli ému jusqu'aux moelles, et Raffet,
d'une modestie inouïe, demeurant « pourpre et abasourdi ».
Une étroite amitié, dès lors, les lia : le fils de Giacomelli fut
le filleul de Raffet. Bientôt, Giacomelli commença le Catalo-
gue raisonné de l'œuvre de Raffet (paru en 1863) et ce cata-
logue suffit à placer Giacomelli au nombre des critiques
d'art les plus avisés et les plus vibrants du XIXe siècle.*

*En 1853 Giacomelli, marié, était allé s'établir à la cam-
pagne près de Tours. Son voisin était Alfred Mame. On de-
vine la suite : c'est par la maison Mame que Giacomelli en-
trera dans l'ornementation et l'illustration du livre. — Et
même dans le décor de reliure : il a, se souvenant de son premier métier, dessiné des décors de reliures, très curieux aujourd'hui car ils sont d'un style second empire caractérisé.
(Plus tard il a dessiné le sujet de plusieurs plaques pour
reliures, Notre-Dame de Lourdes de Lasserre, et L'Oiseau de
Michelet : celle-ci, un pur chef-d'œuvre.)*

*Quand parut le Voyage aux Pyrénées de Taine (1855, puis
1860), Giacomelli transporté écrivit à Doré, qu'il ne connais-
sait pas, une lettre de félicitations et d'admiration. Dans de
telles lettres, il était une sirène : Doré fut séduit. Un jour il
se rencontre avec Giacomelli à l'imprimerie Mame et lui dé-
clare qu'il le veut pour collaborateur d'une grande Bible
projetée. Doré fera les illustrations, Giacomelli les ornements.
— Mais je n'ai jamais dessiné sur bois ! s'exclame Giacomelli. — La Bible sera ainsi ou ne sera pas, réplique Doré.
Et la Bible de Mame fut. Et les ornements de pages sont bien
d'un orfèvre.*

*C'est en 1863 que Giacomelli vint s'installer à Versailles
dans la petite maison à jardin de l'extrémité de la rue Du-*

plessis. Il y vécut heureux homme, heureux artiste, heureux collectionneur. Artiste, il avait eu la rare fortune de trouver un domaine à lui, bien à lui, et d'être là le premier. Il était devenu le peintre célèbre du monde des petits oiseaux. Est-il besoin d'insister ? — Il illustrait Jean-Paul Choppart *pour* Hetzel, 1865 ; Le Livre de mes Petits-Enfants *de* Delapalme, 1866 ; L'Oiseau *et* L'Insecte *de* Michelet ; Les Mois, *gravés sur bois par* Méaulle *pour le* Monde Illustré ; *les* Joies *et* Misères *des petits* Oiseaux (*id*) ; Les Nids, *dans* l'Illustration ; Ailes et Fleurs, Le Géant et l'Oiseau, *etc.* Le Sous-Bois *de* Theuriet *pour* Conquet, *et pour* Launette Nos Oiseaux. *Etc.*

Les bibliophiles lui apportaient des exemplaires de divers livres pour qu'il y semât des dessins originaux sur les marges. On a abusé du genre, par parenthèse ; mais avec Giacomelli les résultats ont toujours été remarquables : création de volumes infiniment précieux dont quelques-uns ont déjà subi triomphalement l'épreuve de la vente publique.

Dans la maison de Versailles, la collection s'épanouit. Toujours enthousiaste de son XIXe siècle, Giacomelli, lettré et artiste, accumulait, avec les dessins, la Belle Epreuve : les Méryon, les Daubigny, les Jacque, les Millet, les Bracquemond, les Jacquemart, les Meissonier, les Edmond Morin, et tant d'autres. Nul mérite ne lui a échappé, et toujours il a eu juste. Juge et conseiller précieux à consulter et à écouter (nous en savons quelque chose !). De la Belle Epreuve il était tigresquement jaloux, et pour rien ne l'aurait voulu montrer aux profanes : il prétendait que le regard du profane sur les estampes, ça les usait.....

Il eut pour amis Mène, Cain, Burty, Doré, Jacque, Monnier, Michelet, Zola, Detaille, Neuville, Meissonier (qui venait chez Giacomelli regarder longuement Raffet, « tout Raffet » ; et représentez-vous l'originalité de cette scène muette : dans la maison de Giaco, Meissonier en arrêt, l'œil braqué sur le dessin original de la Retraite du bataillon Sacré de Raffet, et Giacomelli en arrêt, l'œil braqué sur Meissonier !). Dumas fils (avec lequel il fut intime), Banville, Coppée, Sully-Prudhomme, de Nittis, Jouaust, et les garda toujours. Et la seule inspection de cette liste éclectique montre *que pour conserver vives des amitiés si diverses il fallait de rares qualités de charme, de fidélité, de tolérance et de tact.*

Mais si en Giacomelli l'artiste fut exquis, l'homme était délicieux...

« L'aimable Giaco », ainsi le nommait-on. Désintéressé, consciencieux, simple, distingué, cultivé, bienveillant, serviable à l'art de son temps qu'il défendait avec une chaleur et une force de communication singulières. Avec un instrument de persuasion incomparable : son œil. Oh ! l'œil de Giaco ! cet œil italien, c'est tout dire : merveilleusement intelligent, mobile, en pantomime perpétuelle, engageant le duel, victorieux, foudroyant et doux. Oh ! ces fausses colères à l'italienne du bon Giaco contre qui contestait : ces colères caressantes et veloutées, avec une pointe de comédie ! oh, l'admirable moyen de conviction.

Cela, c'est fini !

Et voici l'autre instrument de persuasion et de démonstration, réservé à l'usage des privilégiés reconnus dignes. Cette collection de dessins et d'estampes. Dans les mains de Giacomelli non pas matière inerte, mais vivante et agissante.

La cause des graveurs et de l'estampe du XIXe siècle est aujourd'hui gagnée. Mais ce n'a pas été sans une campagne longue et en règle.

Si peintres-graveurs et graveurs du XIXe siècle sont haussés aujourd'hui au rang mérité, si les collectionneurs d'estampes ont une nouvelle matière magnifique pour leur donner des joies naguère inconnues, qu'ils regardent, qu'ils touchent avec respect et reconnaissance ces Belles Epreuves de la collection Giacomelli. Elles ont combattu le bon combat...

Tout passe. En 1890 Giacomelli quittait son joli nid de Versailles pour se fixer à la campagne près de Clermont-Ferrand. Puis ce fut la perte de sa femme. Les derniers hivers il alla se réchauffer au soleil de la côte d'Azur, dans la Villa del Sole, à Menton, où l'accueillait sa famille.

C'est là que soudain, un jour de novembre 1904, il cessa de vivre, au milieu des fleurs et des oiseaux.

Henri BERALDI.

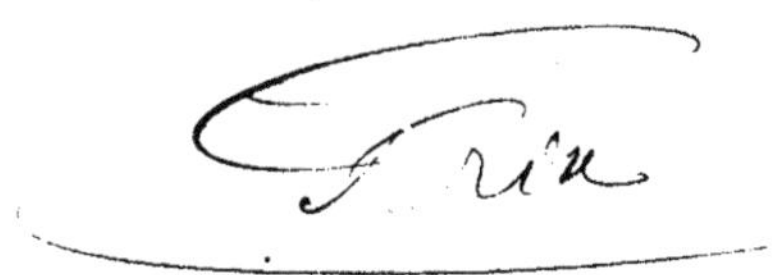

TABLEAUX

BERTRAND (G.)

20 — 1. — Patrie.
15 — 2. — Paysage.

BODMER (Karl)

20 — 3. — La Rivière, canards.
20 — 4. — Lapin fuyant sous bois.
20 — 5. — Renard en maraude.

BODMER et LAVIELLE

21 — 6. — Une Harde.

BRISSOT (F.)

120 — 7. — Paysage, pêcheur au bord d'une rivière.

BROWN (John-Lewis)

101 — 8. — Etude de Cavaliers.

CALS

121 — 9. — Nature morte.

DAUBIGNY (C.)

9.000 — 10. — Le Soir, paysage, étude d'après nature.

DUBUISSON

44 — 11. — Paysage, avec paysanne et âne.

FOULQUIER (Val.)

15 — 12. — Barque de pêche.
20 — 13. — Une Plage.

GIRARDET (KARL.)

14. — Maison dans un verger.

GUIGNET (ADR.)

15. — Guerrier appuyé sur une roche.

HENNEBERG (R.)

16. — Promenade au bord de l'eau.

HENNER

17. — Andromède.

JONGKIND (J.-B.)

18. — Vue de Dordrecht.

JACQUE (CH.)

19. — Le Rémouleur.
20. — Barque échouée (Croisic, 1871.)
21. — Le Nouveau-né.
22. — Paysage avec moutons.
23. — La Nuit.
24. — Poulailler.
25. — Petit paysage avec troupeau de moutons.
26. — La Rentrée du troupeau, le soir.
27. — Basse-cour. Porcs, coq et poules.
28. — Marine (Croisic, 1871).
29. — Etude d'arbres.
30. — Vue prise au Croisic.

LACOMBE (Mᵐᵉ LAURE)

31. — Chemin en forêt. Etude.

LE BRUN (Mᵉ VIGEE)

32. — Portrait de Madame de Gourbillon.

DE NEUVILLE (Alph.)

275 - 33. — Coin de village.

PAPELIN (V.)

30 - 34. — Une Plage.

MERYON (Ch.)

1.100 - 35. — Marine.

RAFFET (Aug.)

1.400 - 36. — Soldats de la République.

SCHUTZENBERGER (Louis)

105 - 37. — Paysage.

TASSAERT (O.)

760 - 38. — La Famille de l'Ouvrier.

TROYON (C.)

80 - 39. — Etude de vaches.

DESSINS ET AQUARELLES

ABBÉMA (L.)

21 - 40. — Médaillon, paysage entouré de pensées.

BEAUMONT (Ed. de)

180 - 41. — La Paix. — La Guerre. Deux dessins.

105 - 42. — Femme au perroquet. — Femme aux fleurs. Deux
dessins.

2.605 - 43. — Réunion de soixante-neuf dessins et aquarelles.

BIGAND (A.)

44. — Tête de vieille femme morte.

45. — Un Lévrier.

46. — Moulins à vent.

47. — Guerrier gaulois accoté à une échelle.

48. — Les Marmousets.

BODMER (K.)

49. — Chevreuils aux écoutes.

50. — Le Bouvier.

51. — Le Cerf mort et bande de loups.

52. — Cerf en forêt.

53. — Le Matin, la mare aux biches.

54. — Renard en chasse.

55. — Harde de cerfs fuyant sous bois.

56. — Les Sangliers.

BODMER (K.)

57. — Cerfs et biches.

58. — Aigle au vol.

59. — Assemblée de grands-ducs.

BRACQUEMOND (J.)

60. — Le Haut d'un battant de porte.

BROWN (J.-L.)

61. — La Montée.

BURNAND (Eug.)

62. — Jeune fille de Baux.

63. — Etude de vieillards.

BURTY (Ph.)

64. — Etude de fleurs.

65.

DARCY

65. — Jeune fille au petit Chien.
66. — Tête de jeune fille.

DAUBIGNY (Ch.)

67. — La Tonnelle.
68. — Clair de Lune.
69. — Un Village en Hollande.
70. — Bords de l'Oise.
71. — Le Chêne et le Roseau.
72. — Vue prise au parc de Sydenham.
73. — La Cascade du bois de Boulogne.
74. — La Grande Cascade de Saint-Cloud.

DAUMIER (H.)

75. — Les Amateurs.
76. — Une Fâcheuse rencontre.

DELACROIX (Eug.)

77. — Arbres et Rochers.
78. — Lionne couchée.

DETAILLE (Ed.)

79. — Etat-major républicain en observation.
80. — Artilleur en faction devant une pièce.
81. — Fragment d'esquisse.
82. — Officier de hussards.
83. — Feuille de croquis.
84. — Feuille de croquis.
85. — Feuille de croquis.
86. — Hussard à cheval en grande tenue.

DIVERS

87. — Recueil de cent vingt-cinq aquarelles et croquis.

DORÉ (G.)

420 – 88. — Rixe à la porte d'un public-house.
280 – 89. — Type de Juif anglais.
180 – 90. — Une Ruine dans les Vosges.
100. 91. — Types espagnols.
250 – 92. — Dispute de joueurs de boules.
130 – 93. — Scène de Roland furieux.
210 – 94. — Salon de jeux à Bade.

DU BUISSON (Al.)

80 – 95. — Paysage au bord de la mer.

DUMARTIN (L.)

3 – 96. — Roses et éventail.

ECOLE JAPONAISE

26 – 97. — Fleurs et papillons.

FLORENCE (P.)

25 – 98. — Jeune femme de Menton.
  99. — Tête d'homme.

FOULQUIER (Val.)

70 100. — Arabes ramenant un troupeau.

FRANÇAIS (L.)

105 101. — Tivoli, récolte des figues.
270 102. — La Seine à Bougival.
170 – 103. — Hyde-Parc.

GARAN (F.)

28 – 104. — Chemin à la lisière d'un bois.

GIACOMELLI (H.)

105. — Couple de mésanges se mirant dans l'eau.
106. — Nid de chardonnerets.
107. — La Pâtée.
108. — Entourage de menu.
109. — Nid de rossignols.
110. — Nichée d'oiseaux.
111. — Nid de chardonnerets.
112. — Concert d'oiseaux.
113. — Oiseaux, albums et hanneton.
114. — Titre pour : *Nos oiseaux*.
115. — Hirondelles rasant l'eau.
116. — Trois jeunes merles morts.
117. — Oiseaux de volière. Deux dessins.
118. — Couvée de Cailles dans les blés.
119. — Rossignols.
120. — Hirondelles de rochers mortes.
121. — Jeunes rossignols et fauvettes. Deux dessins.
122. — Jeunes roitelets morts.
123. — Nid de rouges-gorges.
124. — Rossignols de muraille morts.
125. — Roitelets morts.
126. — Rouges-gorges.
127. — Fauvettes et mésanges.
128. — Bâton de Cage, oiseaux des îles.
129. — Nids de chardonnerets.
130. — Mésanges nonnettes.
131. — Conseil tenu par les rats.
132. — Canari mort dans son nid.
133. — Mésanges mortes. Trois dessins.
134. — Jeunes verdiers, dix études.
135. — Nichée de bouvreuils.

GIACOMELLI (H.)

250 - 136. — Entourages de menus. Deux dessins.

200   137. — Encadrements de pages. Deux dessins.

200 - 138. — Couple de pies. — Encadrement. Deux dessins.

200 - 139. — Merle sifflant. — Encadrement. Deux dessins.

260 - 140. — Encadrements pour menus. Deux dessins.

120   141. — Encadrements pour menus. Deux dessins.

160 - 142. — Encadrement pour le portrait de M. F. Greppe.

90 - 143. — Rossignols de muraille. Deux dessins.

205 - 144. — Mésanges. Encadrement. Deux dessins.

300 - 145. — Pigeons et Vautours.

400 - 146. — Groupe de rouges-gorges.

290 147. — Encadrement pour le portrait de M. Francis
Greppe, libraire à Paris.

620 - 148. — Nid de Chardonnerets.

160 - 149. — Mésanges mortes. Quatre dessins.

230 - 150. — Rouges-gorges.

240 . 151. — Bâton de cage : souris blanches.

130 - 152. — Ménage de sitelles.

210 _153. — Encadrement avec chardonnerets.

480 - 154. — Une Veuve. Deux dessins.

490 - 155. — Bâton de cage : oiseaux des îles.

395 - 156. — Nichée de bouvreuils.

480   157. — Assemblée de mésanges.

900 _158. — Nid de fauvettes et nid de chardonnerets. Deux
dessins.

380 - 159. — Nid de roitelets.

505 . 160. — Visite désagréable (étude de merle).

3.050   161. — Recueil de *deux cent quarante-huit* dessins.

GIACOMELLI (Mlle MARIE)

40 . 162. — Un lapin.

GIRODET

163. — Portrait d'homme.

GRÉVIN (A.)

164. — Jeune femme se maquillant.

HARPIGNIES

165. — Paysage, effet de nuit.

HENNEBERG

166. — Chasse au cerf.

HERK

167. — Mare en forêt.

HERVIER

168. — Barque échouée.

HEYDEN (J. VAN DER)

169. — Tête de page ; nature morte.

JACQUE (CH.)

170. — La Bergerie.
171. — Récolte des Pommes.
172. — Jeune bergère gardant ses moutons.
173. — Intérieur de bergerie.
174. — Mouton marchant.
175. — Intérieur d'écurie.
176. — Tête de jeune garçon.
177. — Paysannes causant à une porte.
178. — Brebis et agneaux.
179. — Retour du troupeau.
180. — Moutons au pâturage.
181. — Montagnard espagnol.

JACQUE (Ch.)

1500 - 182. — Grande bergerie.
60 - 183. — Buveur attablé.
55 - 184. — Ecuelle et pichet.
300 - 185. — La Rentrée du troupeau.
290 186. — Troupeau de vaches.
52 - 187. — Paysanne debout.
52 - 188. — Buveur et fumeurs.
115 - 189. — Les Joueurs de cartes.
49 190. — Tète de paysanne.
25 - 191. — Les Tapirs. Deux croquis.
360 - 192. — Chevaux et porcs dans un enclos.
600 - 193. — Vaches au pâturage.
350 - 194. — Moutons à l'étable.
240 - 195. — Moutons à l'étable.

JOHANNOT (Tony)

255 - 196. — Sancho Pança sur son âne.

LACOMBE (M^{mo} L.)

135 197. — Vieille Cardeuse de matelas à Clagny.
6 - 198. — Vaches à l'étable.
60 199. — Faisan mort.
200. — Scène de vendanges.
25 - 201. — Rat pris au piège.
202. — Etude d'arbres.
34 - 203. — Jeune femme italienne.

LAMBERT (Eug.)

100 - 204. — Chatte et ses petits.

LEGROS

50 - 205. — Tout seul.

LELEUX (Ad.) ?

206. — Etude de Bretons.

MEISSONIER (E.)

207. — Etudes de torse et de main. Deux dessins.
208. — Etude de harnachement.
209. — Etude pour les Joueurs d'échecs.
210. — Etude pour les Joueurs d'échecs.
211. — Sept personnages assis.
212. — Croquis de dragon.
213. — Etude de draperie.
214. — Saint-Paul.

MILLET (J.-F.)

215. — Les Laveuses, au clair de lune.

MINIATURES

216. — Portrait présumé de Vaucanson.
217. — Groupe de trois oiseaux des Iles.

MONNIER (H.)

218. — Tête d'homme.
219. — Portrait d'homme.
220. — Portrait d'acteur.
221. — Cour de ferme avec animaux.
222. — Paysanne belge allant au marché.
223. — « Mettez cent mille hommes à..... ».
224. — Tête de femme, d'après Chardin.
225. — Portrait de Henry Monnier.
226. — Henry Monnier causant avec trois personnages.
227. — Poules mortes.
228. — Jean Hiroux.
229. — Jean Hiroux.

MORIN (Edm.)

230. — Boulevard de Paris.
231. — L'Arrivée à la ferme.
232. — Allée du bois de Boulogne.
233. — La Vie en plein air.
234. — Un Quai à Marseille.
235. — A Hyde-Park.
236. — Frontispice pour les Erinnyes.
237. — Une Avenue du Bois de Boulogne.

NEUVILLE (Alph. de)

238. — Deux Soldats prussiens.

NITTIS (de)

239. — Une Parisienne.
240. — Femme italienne portant une fiasque.

PETIT (S.)

241. — Portrait de jeune fille assise.

RAFFET (Aug.)

242. — Bonaparte blessé à Toulon.
243. — Une Barricade, Juillet 1830.
244. — Mariage de Charles de Blois.
245. — Infanterie de ligne sous Napoléon Ier.
246. — Jourdan coupe-tête.
247. — Le Carré enfoncé.
248. — Ils grognaient et le suivaient toujours.
249. — Napoléon assistant le Maréchal Lannes.
250. — Napoléon Ier à cheval.
251. — Manœuvre d'infanterie.
252. — Retraite du Bataillon sacré.
253. — Forges d'Abainville.
254. — Enfants Hongrois sortant de l'école.

RAFFET (Aug.)

30 - 255. — Eglise et Tour des 3 Saints.
145 - 256. — Maison Tatare.
155 - 257. — Karaïme, Marchand de couteaux.
65 - 258. — Bain Tatar.
210 - { 259. — Juguda-Kazaz-Miziz, Sculpteur.
{ 260. — Le même personnage.
120 - 261. — Bouchers et autres marchands Tatars.
260 - 262. — Forgeron Tsigane.
200 - { 263. — Fontaine de Mariah.
{ 264. — Cheval Tatar.
170 - 265. — Ecole de jeunes filles Tatares.
130 - 266. — Maisons de Paysans Tatars.
140 - 267. — Costumes d'officier et de tambour.
350 - 268. — Circassien Lesghien.
120 - 269. — Petit camp de Tsiganes.
420 - 270. — Paysage Montagneux.
255 - 271. — Nazar-Sahradjan de Chaldée.
45 - 272. — Madjar à Pérekop.
225 - 273. — Vue perspective de la flèche d'Arabat.
180 - 274. — La même vue sans le moulin.
520 - 275. — Arméniens et Tatares dans un café.
110 276. — Chateau du comte de Worouzoff.
55 - 277. — Vers Castropoulo.
460 - 278. — Voyage en Crimée. Vingt-neuf dessins.
130 - 279. — Paludier.
610 - 280. — Reddition de Mantoue.
610 - 281. — Les Sections en marche.
5.900 - 282. — Combat de l'Oued-Alleg.
520 - 283. — Portrait de Mustapha ben Bonnemain.
100 - 284. — Composition pour l'affiche de l'histoire de l'Algérie.
165 285. — Contrebandier Catalan.

RAFFET (Aug.)

160 — 286. — Ronda, Fuente. Ocho Caños.

315 287. — Montreur de Marionnettes.

70 288. — Intérieur de l'église Santa-Maria-Mayor.

52 289. — Puerta del Rario. San Francisco (Espagne).

130 — 290. — Jeune Garçon des environs de Valence.

100 — 291. — Batterie nº 9.

200 — 292. — Prise de la Courtine 6-7.

85 — 293. — Prise du bastion 9.

170 — 294. — Porta San Pancrazio.

290 — 295. — Bastion nº 6, maison Barberini.

155 296. — Vue de Ponte-Molle.

150 — 297. — Porte de Villa. Casa-Visconti.

315 298. — Bénédiction de l'Armée Française.

150 — 299. — Voiture du Saint-Père.

4.100 — 300. — Expédition de Rome. Deux cents quarante dessins.

275 301. — Soldat autrichien.

1.830 — 302. — Soldats républicains.

~~(303. — Recueil contenant soixante-dix-huit dessins.~~

300 · 304. — Trente-deux dessins et croquis.

1.400 · 305. — Recueil contenant soixante-dix-huit dessins.

RAFFET (Attribué à Aug.)

52 · 306. — Chasseur à cheval.

ROCHEGROSSE (G.)

255 — 307. — Violon et Chapeau du ménétrier.

SOMM (H.)

30 — 308. — Buste de femme assise.

75 — 309. — Parisienne et sa fille.

TROYON (C.)

180 — 310. — Intérieur de Forêt.

VIERGE (D.)

311. — Bulgares.
312. — Les Courses au Bois de Boulogne. Deux dessins.
313. — Funérailles de la Reine Mercédès.
314. — Un Puits à Belgrade.

VERNIER

315. — Paysage.

VILLEVIELLE

316. — Vue de la Seine prise de Neuilly.

VOLLON (ANT.)

317. — Barques amarrées, bords de la Seine.

BRONZES

BRONZES DE BARYE

318. — Eléphant d'Asie.
319. — Lion et Tigre marchant.
320. — Lionne.
321. — Mulet.
322. — Ocelot et Héron.
323. — Panthère et Caïman.
324. — Lapin couché.

BRONZES DE P.-J. MÈNE

325. — Etalon et Jument.
326. — Hallali du Renard.
327. — Chien d'arrêt.
328. — Gazelle d'Alger.

BRONZES DE P.-J. MÈNE

329. — Nature morte. Gibier et poissons.

330. — Petit Chien jouant avec une balle.

331. — Chiens terriers, plâtre original.

332. — Le Piqueur à cheval mettant les chiens sur la trace.

BRONZES D'AUG. CAIN

333. — Deux Coupes, modèles dit œillets.

334. — Coq et Poule.

335. — Le Chant du Coq.

336. — Coffret, décoré de feuillage et surmonté d'un faisan.

337. — Le Héron, flambeau à deux branches.

338. — Ane d'Afrique.

BRONZES DIVERS

339. — Vase à pied de buffle et chimère. Japon.

340. — Brule-parfum. Sujet ; Casque et Chimère. Chine.

341. — Cornet, avec son pied en bois de fer. Japon.

342. — Petit brûle-parfum. Chine.

343. — Cachet en bronze, avec le buste de la Du Barry.

344. — Tortue marchant.

345. — Un lot Médailles historiques et Médaillons de David d'Angers (*sera divisé*).

FAIENCES ET PORCELAINES

346. — Une paire de potiches et un Cornet. Trois pièces. Japon.

347. — Une Potiche, monture en bronze doré. Japon.

348. — Une Coupe, monture en bronze doré. Chine.

349. — Petite Théière, décors, fleurs et animaux. Chine.

350. — Une paire de bouteilles, faïence orientale.

351. — Ecritoire, en faïence orientale.

352. — Plat, en faïence de Delft, à décors polychromes.

353. — Potiche, en ancienne faïence de Delft, décors bleu.

354. — Plaque, en ancienne faïence de Delft.

355. — Plat creux, faïence Hispano-Mauresque.

356. — Plat creux, en ancienne faïence italienne.

357. — Vase à piédouche, en ancienne faïence italienne.

358. — Plat, en ancienne faïence italienne.

359. — Petit Plat, faïence italienne.

360. — Petite coupe, en ancienne faïence italienne.

361. — Vase de pharmacie, en ancienne faïence italienne.

362. — Pot à deux anses, en ancienne faïence italienne.

363. — Coupe, en ancienne faïence d'Urbino.

364. — Potiche avec couvercle, en ancienne faïence du Midi.

365. — Sucrier avec couvercle, en ancienne faïence du Midi.

366. — Deux grands plats, en ancienne faïence de Nevers.

367. — Jardinière, en ancienne faïence de Nevers.

368. — Petite Bannette, en ancienne faïence de Nevers.

369. — Un Vase rouleau, en ancienne faïence de Nevers.

370. — Plat, en ancienne faïence de Rouen, double corne.

371. — Assiette, en ancienne faïence de Rouen.

372. — Deux Soupières, en ancienne faïence de Strasbourg.

373. — Petit Sucrier. — Tasse, faïence de Strasbourg. Deux pièces.

374. — Une paire de Caisses à fleurs, en faïence de Strasbourg.

375. — Deux Chopes en grès allemand.

376. — Quatre Assiettes, sujets révolutionnaires et Costumes.

377. — Deux Tasses en porcelaine du temps de l'Empire.

378. — Une Coupe avec couvercle, porcelaine, genre Sèvres.

379. — Buste de Mirabeau, biscuit.

380. — Un lot de Plats, Assiettes, Coquetiers, en ancienne porcelaine du Japon et faïences de Strasbourg. Nevers, Delft et autres (*sera divisé*).

MEUBLES ET OBJETS DIVERS

381. — Bibliothèque à deux corps en bois sculpté.

382. — Meuble à deux corps, en bois sculpté.

383. — Table en bois sculpté à quatre pieds tors et traverse.

384. — Meuble d'entre-deux, en marqueterie.

385. — Coffret peint. Epoque de Louis XIII.

386. — Coffret en bois sculpté. Epoque de Henri IV.

387. — Vierge et Enfant Jésus, bois sculpté. XVIIᵉ siècle.

388. — Primavera, buste en marbre.

389. — Un Verre de Venise.

390. — Reliure in-fol., maroquin rouge, aux armes.

391. — Eventail de l'époque révolutionnaire.

392. — Objets non catalogués, Bronzes, Plâtres, etc., etc.

Arras. — Imp. Schoutheer Frères, rue des Trois-Visages, 33.